Ida Bohatta

Piep und Maus im Winter zu Haus

ars edition

Heinzelmann ruft voll Bedenken:
»Liebe Maus, ich glaube fast,
nie bekommst du alle satt,
weil du zuviel Kinder hast.«
Doch das Mäuschen weiß es besser:
»Zuviel Kinder, aber nein,
denn ich liebe meine Mäuschen,
doch das Töpfchen ist zu klein.«

Denke voraus!
Spare in der Zeit!
IHM

»O bitte, helft mir, Heinzelmann,
weil ich in großer Sorge bin,
und gebt mir einen guten Rat:
wo leg ich meine Nüßlein hin?«
»Frau Eichhorn, d'rüber freu' ich mich,
den Platz kann ich Euch sagen:
den Nüßlein kann nichts mehr gescheh'n,
sind sie in meinem Magen.«

Maus
Fuch
IBM

»Ich brauche einen Winterrock,
genau wie meinen alten
und wieder schwarz, denn das macht schlank,
und, bitte, ohne Falten!«
»Herr Wühlauf, keine Sorge,
ich messe sehr genau, auf Ehr,
der neue Pelz wird sitzen,
als ob er angewachsen wär!«

Bitte, tretet alle ein
in den Krümchenstreuverein.
Euch zum Danke singen dann
froh die lieben Vögelein.
Alle Menschen hören zu,
wenn sie auch nicht Mitglied sind,
und das rührt vielleicht ihr Herz
und bestimmt auch dein's, mein Kind.

Herr Heinzel lud ein Häschen ein,
das Häschen sprach: »Ich bin so frei«
und aß sich satt und legte ihm
zum Dank dafür ein rotes Ei.
Dann lief es wieder in den Wald;
nun ratet schnell: wer war denn das?
Ihr wißt es alle, ganz bestimmt –
es war der liebe . . . .!

Schlupfi läßt sich nicht gern waschen,
hat sich hinterm Bett verborgen.
»Nun, wieviel Kinder wollen
denn ein Frühstück heute morgen?
1, 2, 3, 4, 5«, zählt Heinzel.
Schlupfi schreit, so laut er kann:
»Bitte 6!« und kommt beim Waschen
gleich als allernächster dran.

IBM

Ja, wenn ich kein Spätzchen wär',
müßte ich mich schämen,
diese Hilfe, Heinzelmann,
ohne Dank zu nehmen.
Doch mit meiner Kehle Gold
nehmt Ihr wohl vorlieb –
denn Ihr wißt, kein Vöglein sonst
kann das hohe Piep.

»Ei, du hast die Maus gepflegt
und das Spätzchen war dein Gast;
sicher ist's nun deine Freude,
daß du endlich Ruhe hast.«
»Meine größte Freude ist,
daß ich weiß, ich werde morgen,
wenn ich in der Früh' erwache,
wiederum für andre sorgen.«

IBM

Bohatta-Bilderbücher
zum Aussuchen,
für Kinder gemalt
und geschrieben
für die Weihnachtszeit
und den Winter

Bohatta: Blümlein im Winter
Bei den Wurzelmännlein
Eisbärli
Eismännlein
Heinzel wandert durch das Jahr
Die Himmelsküche
In den Wurzelstübchen
Mäuschensorgen
Piep und Maus im Winter
Sankt Nikolaus
Schneeflöckchen
Sternschnuppen
Helwig: Lebkuchen-Märchen
Weihnachtsengelein
Schmid: Es hat sich eröffnet
Sankt Nikolaus kommt
Scholly: Schnee und Eis

ars edition

Ausstattung und Herstellung ars edition
Printed in West-Germany · ISBN 3-7607-6046-5